AF312173

LE
LÉVITE D'ÉPHRAÏM,

OU

LA DESTRUCTION DES BENJAMITES,

PANTOMIME DIALOGUÉE

EN TROIS ACTES ET A GRAND SPECTACLE,

Par Madame ALEXANDRE ;

Musique de M. DE PROPIAC ;

Ballet de M. HULLIN ;

Représentée, pour la première fois, à Paris, sur le Théâtre de la Gaîté, le 29 Juillet 1813.

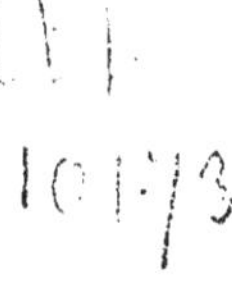

PARIS,

CHEZ J. N. BARBA, LIBRAIRE, PALAIS – ROYAL,
DERRIÈRE LE THÉATRE FRANÇAIS, N°. 51.

De l'Imprimerie de HOCQUET, rue du Faubourg Montmartre, n°. 4.

1813.

PERSONNAGES.	ACTEURS.

MISAEL , Lévite de la Tribu
 d'Ephraïm.   M. *Poirier.*

BALAHAC , Chef de la Tribu
 des Benjamites.   M. *Lafargue.*

ESDRAS , père de Dina.   M. *Ferdinand.*

DINA.   Mlle. *Hugens.*

NOÉMI , mère de Misaël.   Mad. *Clément.*

AZARIE , compagne de Dina. Mlle. *Emélie Hugens*

ACHAB, confident de Balahac. M. *Michot.*

Un Chef de la Tribu des Benja-
 mites.   M. *Hérét.*

Benjamites des deux sexs.

Serviteurs des deux Sexes d'Esdras et de Noémi.

Israëlites des diverses Tribus.

*La scène se passe près de la ville de Gabaa,
en Judée.*

LE LÉVITE D'ÉPHRAÏM,

OU

LA DESTRUCTION DES BENJAMITES,

Pantomime dialoguée en trois Actes.

ACTE PREMIER.

Le théâtre représente une campagne ; à droite l'entrée de la tente d'Esdras ; dans le fond une montagne praticable, couverte de rochers coupés par un précipice : un léger pont rustique les réunit. On voit rouler au pied un torrent qui se perd dans les rochers.

SCÈNE PREMIÈRE.

DINA, AZARIE, Serviteurs des deux sexes.

(Au lever du rideau , une musique religieuse se fait entendre ; Dina et tous les serviteurs sont prosternés et rendent grace à l'Éternel de ses bienfaits. On voit paraître graduellement le soleil à travers les arbres.)

DINA, *après avoir cessé de prier.*

Maintenant, mes amis, hâtons les apprêts de notre petite fête. C'est aujourd'hui que le vertueux Esdras, le meilleur des pères, doit être rendu à mon amour.

AZARIE.

Chacun de nous a pour lui le cœur d'un tendre enfant, car s'il est le meilleur des pères pour sa Dina, il est pour nous tou· le meilleur des maîtres et le plus indulgent des hommes. Mais finissons ces guirlandes, dont nous devons orner son passage.

(Les serviteurs se mettent à tresser des guirlandes.)

DINA.

Qu'il me tarde de le revoir, de le presser sur mon cœur ! depuis un mois que dure son absence...

(4)

AZARIE, d'un air railleur.

Il s'est passé tant de choses, nous avons tant de secrets à lui révéler!

DINA.

Des secrets, Azarie?

AZARIE.

Son œil vigilant devinera ceux que nous voudrions lui cacher.

DINA.

Cacher quelque chose à mon père! y penses-tu, Azarie?

AZARIE.

Ah! ce sont de ces choses qu'on ne s'avoue à soi-même qu'en tremblant. Par exemple, l'amour de Balahac, le vaillant chef des Benjamites...

DINA.

Son nom seul me fait horreur!

AZARIE.

Il est vrai que sa tendresse est un peu farouche, et que pour faire la cour à une jeune fille, il s'y prend avec autant de graces que pour aller à la chasse aux lions, dans laquelle il excelle; mais il est riche, puissant, et le sage Esdras...,

DINA.

Ne voudra que le bonheur de sa fille.

AZARIE.

Alors il recevra avec bonté cet intéressant Misaël, ce jeune lévite d'Ephraïm, qui sait si bien réunir le courage à la douceur.

DINA, baissant les yeux.

Mais... mon père le connaissait avant son départ... et depuis... les diverses obligations que je lui ai...

AZARIE, riant.

Oh! certainement, on ne saurait trop récompenser un homme qui, chaque matin, nous apporte les plus belles fleurs de la Judée.

DINA, avec feu.

Mais tu oublies, Azarie, le jour où nos nombreux troupeaux attaqués, dispersés, allaient devenir la proie d'un animal furieux. Nos pasteurs tremblans hésitaient à le combattre; Misaël accourt à la nouvelle de nos dangers, et le monstre tombe à l'instant sous ses coups. Depuis ce jour, tu le sais, chacun le regarde comme un ange tutélaire: on le voit avec reconnaissance, on l'écoute avec transport: le moindre de ses mots est recueilli, retenu: nous sommes meilleurs quand il nous parle de bonté, nous prions mieux l'Eternel quand sa voix touchante s'unit à la nôtre, Il n'est pas jusqu'à mon père que je ne croye encore mieux aimer, quand Misaël me peint son amour pour sa tendre mère.

AZARIE.

Oui, il n'est pas jusqu'à Balahac que vous ne croyez encore plus haïssable, quand le front de Misaël pâlit à son approche, n'est-ce pas?... Mais le voici qui s'avance.

LINA.

Bal ha~?

AZARIE.

Non, c'est Misaël.

SCENE II.

Les Précédens, MISAEL.

(Elle va pour s'éloigner, Azarie la retient en souriant, l'entraine et lui montre Misaël. Les serviteurs l'entourent et semblent se réjouir de le voir. L'émotion de Dina est visible à son approche ; le lévite la partage. Il admire Dina avec transport, et paraît contenir difficilement les expressions de son amour ; il lui présente un bouquet qu'elle reçoit d'une main tremblante ; Misaël ose s'en emparer et la place sur son cœur. Dina, les yeux baissés, ne songe point à la retirer. Azarie qui, ayant l'air de donner des conseils à ses compagnes, les a observés de loin, s'avance et se place en riant au milieu d'eux.)

AZARIE.

Eh bien ! que faites-vous donc là ?

DINA, *embarrassée.*

Je... j'admirais... ces roses

AZARIE, *riant*

Des roses... ce sont des jasmins du désert... bon dieu ! Misaël, il vous a fallu aller bien loin pour les trouver?

MISAEL.

Est il quelque peine que ne récompense un sourire de Dina? d'ailleurs puis-je oublier que c'est aux pieds de cet arbuste que je la vis pour la première fois assise près de son père, que le premier don que je reçus de sa main, fut une branche de ces jasmins du désert, qu'elle me présenta en m'offrant l'hospitalité.

AZARIE.

N'allez-vous pas nous raconter tout cela comme si nous l'avions oublié? Il s'agit maintenant de m'aider à placer ces guirlandes: eh bien, il semblerait en voyant l'inaction de Dina que ce n'est point le retour d'un père que nous voulons célébrer.

MISAEL.

Le retour d'un père !... Belle Dina, permettez que mon cœur partage vos soins comme déjà il partage votre amour pour le vertueux Esdras.

(Ils prennent tous des guirlandes qu'ils suspendent aux arbres.)

DINA.

Mon père passera sur ce pont fragile, qui réunit les deux montagnes, je veux que les fleurs qu'il verra suspendues sur sa tête, lui fassent oublier l'horrible précipice qui sera sous ses pas

(Les serviteurs, aidés d'Azarie, prennent un tableau entouré de fleurs, sur lequel est écrit en gros caractères : AU RETOUR DU MEILLEUR DES PÈRES. Ils vont le placer au milieu du pont, tandis que Dina et Misaël, groupés en bas, aux pieds des rochers qui bordent le précipice, leur indiquent ce qu'ils doivent faire.)

MISAEL, *descendant.*

Si le sage Esdras, trompant notre attente, allait revenir par la route de Gabaa.

(6)

DINA.

Impossible : il lui faudrait faire un détour qui le retarderait d'une demi-journée; le sentier de la montagne est le seul qui condui-e à notre habitation, et c'est vers ce point que doivent se diriger nos regards.

SCENE III.

Les Précédens, BALAHAC, Benjamites.

(On entend une musique sauvage et Balahac parait sur le pont : en le traversant il embarrasse sa massue dans les fleurs qui suspendent la légende, et l'arrache avec rudesse pour arriver plutôt auprès de Dina. Il est suivi de Benjamites qui portent, au bout d'un javelot la dépouille d'un tigre : la tête est entière, et l'on a placé dans la gueule cette inscription : A DINA.)

AZARIE, *le voyant venir.*

C'est l'aimable, le jaloux Balahac.

DINA, *à part.*

Sa présence me fait frémir malgré moi.

MISAEL, *l'observant.*

Quelle émotion Dina laisse paraitre à sa vue ! Malheureux Misaël, te serais-tu trompé ?

DINA, *à part.*

Fuyons.   (*Elle veut sortir.*)

MISAEL, *la retenant.*

Dina, que faites-vous? est-ce seulement la crainte de voir Balahac qui vous fait trembler ainsi ?

DINA.

Oui, la crainte seule?... Mais je n'en dois pas en éprouver, Misaël est près de moi.

(Balahac parait suivi de sa tribu.)

BALAHAC.

(*A part.*) Encore ce Misaël que je déteste. (*haut.*) Fille d'Esdras, reçois ce gage de mon amour, c'est pour toi que j'ai terrassé ce monstre du désert: sa dépouille doit orner la pompe nuptiale qu'il me tarde d'ordonner.

DINA, *avec embarras.*

Croyez...

(On présente la peau du lion.)
(Misaël le regarde avec fierté.)

BALAHAC, *à Dina.*

Parle sans feinte, que réponds-tu ?

AZARIE.

Que Balahac est très-galant, (*montrant le lion.*) et surtout qu'il choisit à merveille les porteurs de ses amoureux messages.

BALAHAC.

On préférerait peut-être ici quelque douce colombe, ou bien des fleurs passagères. (*regardant le bouquet que Dina a placé à son côte.*) Le désert offre plus d'un présent. J'ai vu ce matin un être faible, dont la main ne saurait tendre un arc, se baisser pour cueillir le bouquet qui maintenant orne ton sein. Dis, fille d'Esdras, préférerais-tu ce vil hommage à celui que je viens t'offrir.

MISAEL.

Et quand cela serait, Balahac aurait-il le droit de s'y opposer?

BALAHAC.

Faible lévite, et tu ne trembles point en prononçant ces mots! quand cela serait...

(Détachant d'un arbre une forte branche qu'il jette avec mepris aux pieds de Misaël, après l'avoir rompue sans efforts en plusieurs morceaux.)

De même que mon bras indompté brise sans peine ce rameau contre lequel tu aurais envain employé tous tes efforts, de même, dis-je, je saurais réduire en poussière le rival qui oserait me disputer Dina.

(Misaël ramasse les morceaux épars de la branche et les jette dans le torrent que l'on voit couler au bord du précipice. Misaël les montre à Balahac.)

MISAEL.

Chef des Benjamites, vois cette branche devenue le jouet du torrent: de même ta colère faiblira devant les décrets de l'Eternel. Quant à la force qui fait ton arrogance, elle peut-être égalée. Regarde: cet être faible qui excite tes mépris, sait moissonner autre chose que des fleurs.

(Il se saisit de l'arc d'Achab, la tend et la brise; les Benjamites paraissent étonnés.)

BALAHAC.

C'est trop me braver.

DINA, se plaçant entr'eux.

Arrêtez et terminez cette lutte. Ma volonté, ma main ne dépendent pas de moi: mon père, après le ciel, peut seul en disposer; c'est à lui que Balahac doit s'adresser. On me verra soumise aux ordres qu'il daignera me prescrire, et mon cœur... respectera l'époux qu'il m'aura donné.

BALAHAC.

Il tarde bien à revenir.

DINA.

Je l'attends aujourd'hui. Mon amour lui préparait une douce surprise quand vous êtes venu...

AZARIE, l'interrompant.

Détruire tous nos plaisirs par votre présence.

BALAHAC, après avoir regardé Azarie.

Fille d'Esdras, cette jeune Israélite est-elle chargée d'interpréter ta pensée?

DINA.

Pardonnez...

BALAHAC.

Songe que si j'aime avec transport, je hais avec fureur, et que jamais une insulte faite à Balahac ne resta impunie.

AZARIE.

L'aimable caractère!

BALAHAC.

Que dit-elle encore?

Dina fait signe à Azarie de se contenir.

AZARIE.

Que vous êtes le plus séduisant des enfans d'Israël, et que je ne conçois pas comment ma maitresse hesite un moment à vous prouver ce que vous êtes fait pour inspirer.

BALAHAC.

Quand elle m'appartiendra, je saurai bien m'en faire aimer. Esdras arrive aujourd'hui, je ne tarderai pas à suivre ses pas. En attendant, je me retire afin de vous laisser libre de continuer vos jeux, peu faits pour moi, et j'en vais commander de plus dignes de l'hymen du chef des Benjamites. Quant à toi, Misaël, sage lévite du seigneur, retourne, crois-moi, au milieu de ta tribu et n'oublie pas que si Balahac sait terrasser un lion, son bras ne dédaigne pas quelquefois d'ecraser l'etre pusillanime qui se rencontre sous ses pas.

Misaël répète d'un air calme la pantomime de la branche entrainée par le torrent.

BALAHAC *avec fureur.*

Tremblez tous de tromper mon espérance.

Il s'éloigne et repasse sur le pont en renouvelant ses menaces.

SCÈNE IV.

DINA, AZARIE, MISAEL, Serviteurs.

Azarie et les serviteurs réparent le désordre causé par Balahac.

DINA.

Ah! qu'il me tarde de voir arriver mon père, pour être délivrée des odieuses visites de ce mechant.

MISAEL.

Si vous le haïssiez, Dina, un mot eut suffi pour que je l'eusse contraint à se taire et à s'éloigner!

DINA.

Si je le hais?... Ah! Misaël, vous seul ici osez en douter.

MISAEL.

Il n'obtiendra donc jamais cette main, ce cœur, dont sa férocité l'empêche de connaître le prix?

DINA.

Balahac! mon époux!... plutôt périr mille fois.

MISAEL.

O charmante Dina!

On entend un coup de tonnerre dans le lointain, et le ciel, qui depuis quelques instans, s'est obscurci, se couvre de plus en plus.

AZARIE *accourant et interrompant Misaël.*

Un orage affreux se prépare. Entendez-vous gronder la foudre ?

Un nouveau coup se fait entendre.

DINA.

Quel triste présage ! Mon père est sans doute dans les montagnes, volons à sa rencontre.

MISAEL.

Non, restez ici, trop chère Dina, que vos serviteurs vous entourent, vous protègent, tandis que j'irai au devant d'Esdras ; croyez-en mon cœur ainsi que ma confiance dans le Seigneur, seul je suffirai pour guider ce père chéri et le remettre dans vos bras.

Il s'éloigne en rassurant Dina, qui semble lui recommander les jours de son père.

SCENE V.

DINA, AZARIE, Serviteurs.

(Azarie voudrait faire rentrer Dina ; mais elle s'y refuse et se met en prières tandis que les serviteurs parcourent le théâtre avec inquiétude, en rentrant différens objets qu'ils veulent garantir de l'orage, qui augmente à chaque instant. Les jeunes filles forment différens goupes sur la montage, pour tacher de découvrir Esdras. Azarie va sans cesse d'elles à Dina, avec laquelle elle intercède le ciel.)

AZARIE *sur le pont.*

Le voilà, le voilà : rassurez-vous ; Misaël est avec lui.

DINA.

O bonhenr !

SCENE IV.

Les Précédens, ESDRAS, MISAEL.

(Esdras, conduit par Misaël, paraît sur la montagne. Sa fille, ses serviteurs lui tendent les bras en signe d'allégresse. Il s'arrête un moment sur le pont pour les bénir et considérer ce touchant tableau. Misaël le précède, lui tend la main pour le guider : tout-à-coup la foudre éclate et va tomber entr'eux, détruit la partie du pont sur laquelle est encore Esdras, qui tombe dans le précipice. Un cri général se fait entendre ; Misaël accourt, retient l'arbre auquel Esdras s'est attaché, et, par ses efforts, sauve le vieillard.)

DINA, *poussant un cri déchirant.*

Mon père !....

(Les serviteurs soutiennent Esdras évanoui dans les bras de Misaël. Dina, en le revoyant, se prosterne avec transport pour remercier le ciel. Son père est posé sur un banc de gazon ; elle soutient sa tête et consulte son cœur.)

DINA.

Mon père ! mon père !

ESDRAS, *revenant à lui.*

Où suis-je ?...

le Lévile.

a

DINA.

Dans les bras de votre Dina.

ESDRAS.

Dina !... ma fille !... je te revois (*il l'embrasse*), à qui dois-je un tel bonheur ?

DINA.

A Misaël, mon père (*lui montrant le lévite*). Voici votre libérateur, le mien. Je lui dois le plus beau jour de ma vie.

ESDRAS, *lui tendant les bras.*

Brave et vertueux jeune homme, viens recevoir ta première récompense sur ce cœur, dont chaque battement me rappellera ma reconnaissance.

MISAEL.

O père de Dina ! votre bonheur, le sien, vous acquittent envers moi : daignez aimer Misaël, et vous aurez plus fait pour lui, qu'il n'entreprit jamais pour vous.

ESDRAS.

T'aimer, Misaël ? Tout l'amour d'un père peut seul payer ma dette. Oui, c'est en présence de l'Eternel, que je t'adopte et te donne tous les droits d'un fils.

DINA *timidement.*

D'un fils ?

ESDRAS.

T'y opposerais-tu, Dina ? ou bien connaîtrais-tu une récompense plus digne de lui ?

DINA.

Mon père !...

MISAËL.

Le titre précieux que vous daignez m'accorder pourrait encore me devenir plus cher, et c'est à vos genoux que j'ose....

ESDRAS.

Non, Misaël, c'est dans mes bras que tu dois faire un tel aveu... (*il le prend dans ses bras*). Dina, fille chérie, viens aussi que je t'y presse ; c'est réunis sur mon cœur que vous devez jurer de vous aimer toujours.

MISAEL *avec transport.*

Qu'ai-je entendu ?

DINA.

O mon père !

MISAEL.

Tant de bonheur n'est-il pas l'effet d'un songe ?

ESDRAS.

Non, Misaël, goûte-le sans crainte. Ton hymen avec ma fille vient d'être arrêté entre Noëmi, ta vertueuse mère, et moi. Peut-être ne te l'aurais-je point encore annoncé, car, je dois te l'avouer, ton excellente mère exige que tu ailles te fixer près d'elle avec ta jeune épouse ; mais le service signalé que tu viens de me rendre, fais taire l'intérêt personnel. Que ma fille devienne celle de ta mère, Misaël ; qu'elle console ses vieux jours comme elle embellira tes jeunes années ; puisse-t-elle porter dans ta demeure tout le charme qu'elle répandait dans la mienne Je te la donne pour amie, pour compagne. Tu vas la recevoir pour épouse devant l'Eternel, et je suis plus heureux en te nommant mon fils, que si tu étais le plus riche de nos douze tribus.

MISAEL.

O mon vertueux père ! ma bien-aimée Dina ! de quelle allégresse vous remplissez mon cœur !

ESDRAS.

Que tout se prépare pour le sacrifice que nous allons offrir.

Les serviteurs préparent un autel, qu'ils couvrent de fleurs et de fruits.

DINA.

O mon père, vous allez donc unir vos heureux enfans.

(Misaël et Dina fléchissent le genou de chaque côté d'Esdras, qui étend les mains sur leurs têtes, et invoque pour eux toutes les bénédictions du ciel. Azarie apporte la couronne virginale, qu'Esdras pose sur le front de sa fille, toujours à genoux devant lui ; ensuite il la recouvre d'un voile blanc.)

ESDRAS, *posant le voile.*

Que ce voile nuptial, ô ma fille, soit l'image de ta pureté. Songe qu'aucune main que celle de ton époux n'a maintenant le droit de de le soulever, et que la fille d'Esdras, pour être digne de lui, doit périr plutôt que de le laisser ravir. Le promets-tu ?

DINA.

Je le jure, mon père.

Esdras conduit Misaël et Dina à l'autel, l'encens fume et les époux se jurent un amour éternel.

SCENE VII.

Les Précédents, BALAHAC.

Au moment où Esdras vient d'unir leurs mains, Balahac parait sur le haut de la montagne : mais le pont rompu ne lui permet pas d'avancer. Il exhale sa fureur, maudit sa rage impuissante ; pendant ce temps, Esdras présente Dina à Misaël ; le Lévite, ivre d'amour, leve le voile de sa bien aimée et lui donne le premier baiser ; à cette vue la fureur de Balahac ne connait plus de bornes : il jure de se venger et de poursuivre les objets de sa haine jusqu'au tombeau. Il s'éloigne afin de hâter les maux qu'il leur prépare.

SCÈNE VIII.

Les Précédents, excepté BALAHAC.

ESDRAS, *à ses serviteurs.*

Célébrez par vos jeux, mes amis, l'heureux hymen que je viens de former. Ensuite la parole que j'ai donnée à Noëmi exige, ô mes enfants, que vous vous éloigniez de moi.

DINA.

Quoi, sitôt, mon père ?

ESDRAS.

J'ai promis que Misaël irait rejoindre sa mère le jour même qu'il
l'obtiendrait pour épouse , quoi.u'il en coute à mon cœur , ma foi
est sacrée. D'ailleurs, ma Dina, ton vieux père , suivra bientôt tes
pas , et tous réunis nous goûterons un bonheur aussi inaltérable que
la vertu qui nous l'aura donné.

DANSE.

MISAËL.

Le jour qui s'avance nous avertit qu'il est temps de partir. Re-
cevez, vertueux Esdras , le serment que je renouvelle entre vos
mains , de consacrer ma vie au bonheur de Dina , et de sacrifier
s'il le faut mes jours pour la conservation des siens.

AZARIE , *pleurant.*

Dina , je n'ai jamais aimé que vous. Je n'ai personne moi , pour
consoler de votre abscence , il me faudra mourir si vous m'aban-
donnez. Emmenez-moi avec vous , je vous servirai , je vous aimerai
avec zèle et tendresse tant que vous serez heureuse, et si le jour du
malheur arrive , je redoublerai d'amour et ce sera sur mon sein que
vous répandrez les larmes de la douleur.

DINA.

Oui, ma bonne Azarie , tu viendras me rejoindre en même temps
que mon père. Jusques-là , mon amie , reste auprès de lui pour le
le distraire et le consoler. Tâche de lui rendre mes tendres soins. Parle-
lui de sa fille , de son amour, de l'impatience avec laquelle elle
l'attend , et chaque matin au lever du soleil , dis-lui : Dina pros-
ternée , prie en ce moment l'Eternel pour son père.

Les deux amies s'embrassent et sur un signe d'Esdras les serviteurs font avancer
un char attelé de deux bœufs, Balahac parait sur la montagne.

SCÈNE IX.

Les Précédents , BALAHAC, ACHAB, Benjamites.

Balahac est suivi de sa tribu. Achab marche en avant ; les Benjamites portent des
arbres pour construire un nouveau pont , qu'ils construisent en effet.

Dina se jette dans les bras de son père , s'en arrache pour y retomber encore.
Misaël aussi attendri qu'elle , l'entraine et la fait placer sur le char où il
monte après elle. Elle baisse son voile , le char s'éloigne. Balahac et les Benjamites s'apprètent à les suivre de loin. Azarie soutient Esdras d'une main ,
et fait des signes d'adieux de l'autre.

Fin du premier acte.

ACTE II.

Le théâtre représente l'entrée non fermée d'une habitation. À gauche, une maison d'une apparence riche, sans élégance, elle est entourée d'autres bâtimeuts. Dans le fond on aperçoit la ville de Gabaa.

SCENE PREMIERE.

NOEMI, Pasteurs.

Le jour touche à sa fin. Noëmi assise sur un banc, en face de sa porte, voit rentrer ses nombreux troupeaux ; les pasteurs qui les conduisent la salue et lui offrent quelques dons qu'ils ont recueillis dans les champs. Elle les reçoit avec bonté et leur distribue des récompenses.

NOEMI.

Voici mes troupeaux qui rentrent. [*Les voyant tous rentrés.*] Que la paix soit avec ces dignes serviteurs. Hélas ! elle ne reviendra habiter mon cœur que quand Misaël, la gloire de mes vieux jours, sera rendu à ma tendresse. Le sage Esdras m'a promis de récompenser ses vertus en l'unissant à sa fille ; mais la crainte de s'en séparer lui fera peut-être encore retarder cet hymen. L'amour fait oublier à Misaël sa pauvre mère, tandis que rien ne peut le remplacer près d'elle. Si le jour est beau, je l'appelle, pour le célébrer avec lui : au temps d'orage, rentrée dans ma demeure solitaire, c'est encore mon fils qui pourrait calmer mes terreurs ; tout ce qui m'entoure me parle de lui. Le cantique qu'il composa pour louer le Seigneur, les fleurs qu'il aimait à cultiver, tout me dit : pleure, pleure triste Noëmi, ton Misaël est loin de toi.

SCENE II.

NOEMI, ACHAB.

Achab arrive en ayant l'air d'observer attentivement dans le lointain.

NOEMI, *le voyant.*

Un voyageur ! ah ! peut-être vient-il de la contrée qu'habite Misaël. (*allant à lui.*) Voyageur arrête : les couleurs de tes habits m'annoncent que tu es de la tribu des Benjamites, mais ne fais point le chagrin à la vieille Noëmi de passer devant sa demeure sans lui permettre de t'offrir les soins de l'hospitalité.

ACHAB, *à part.*

Noëmi ! mère de Misaël ! qu'elle rencontre, (*haut.*) Femme respectable, chargé par Balahac notre chef, d'un message important pour Gabaa, il m'est impossible de m'arrêter long-temps près de toi.

NOEMI.

Mes serviteurs vont te donner promptement ce que tu désireras.
(Elle va vers la maison et parle à ses serviteurs.)

ACHAR, *à part.*

Puisque cette femme est la mère de Misaël, c'est ici sans doute qu'il dirige ses pas. Assurons nous-en afin d'aller en donner avis à Balahac qui me suit.

Les serviteurs apportent des vases et des fruits; Noëmi les présente elle-même
à Achab.

ACHAB.

Noëmi, j'ai souvent entendu prononcer ton nom par le plus vertueux des hommes, un jeune lévite de la tribu d'Ephraïm.

NOEMI.

Par Misaël, mon fils ?

ACHAB, *a part.*

C'est lui [*haut.*] Quand on louait ses vertus il parlait des tiennes et comme chacun l'aimait on te bénissait à cause de lui.

NOEMI.

Ah! bon étranger, que l'éloge d'un fils est doux pour sa mère! si la tienne existe encore, puisse-t'elle goûter le bonheur que tu me fais ressentir en ce moment. Mais où a tu vu ce fils chéri ?

ACHAB.

Sous la tente du sage Esdras, et encore aujourd'hui lorqu'il partait pour arriver près de toi.

NOEMI, *avec transport.*

Il vient, mon fils vient! ô mon cœur livre-toi à l'allégresse! voyageur, quelle récompense puis-je t'offrir pour une telle nouvelle ?

ACHAB.

Le plaisir qn'elle t'a fait, je n'en veux pas d'autre. (*à part.*) Ne perdons pas de temps pour prévenir Balahac. (*haut.*) Je suis contraint de te quitter, bonne Noëmi, reçois mes adieux.

NOEMI.

Prends au moins ces fruits, tu les donneras en mon nom à ta mère ou à ton épouse, et puisse-t'elle être aussi heureuse que je le serai en revoyant mon fils

Elle le charge de fruits, et tandis qu'il s'en occupe elle glisse une bourse dans
sa panetière, il s'éloigne en la remerciant et eu reprenant le chemin par où
il est arrivé.

SCENE III.

NOEMI, Serviteurs.

NOEMI *à ses serviteurs.*

Mes amis, préparez le festin du retour, que tout ici célèbre la joie de Noëmi.

(15)

SCENE IV.

Les Précédens, MISAEL, DINA.

(Le char de Misaël approche, Noëmi reconnait son fils, et s'élance au-devant
de lui. Le lévite descend, se jette dans les bras de sa mère ; ensuite il lui présente sa jeune épouse.)

NOEMI.

Enfin je te revois, ô mon Misaël !

MISAEL.

Oui, ma bonne mère, le plus tendre des fils est rendu à votre
amour : puissiez-vous le reporter cet amour, dont je suis fier, sur
l'épouse que mon cœur a choisie ! La voilà cette Dina, la plus
belle, la plus vertueuse des filles d'Israël ! Le sage Esdras en me
la donnant, m'a transmis tous ses droits sur elle : veuillez, ma
mère, les partager avec moi.

DINA.

O mère de Misaël, daignez accueillir avec bonté une fille soumise. Mon cœur, formé à la vertu, révèrera en vous sa plus touchante image.

NOEMI.

Bien-aimée de mon fils, viens embrasser ta mère (*Noëmi embrasse Dina*). Rentrons, mes enfans, il me tarde de vous voir
embellir ce foyer solitaire où si souvent j'ai pleuré l'absence de
mon Misaël.

(Ils entrent dans la maison. Noëmi, placée entr'eux, les tient embrassés.)

SCENE V.

BALAHAC, ACHAB, Benjamites.

BALAHAC.

Pourquoi faut-il que ma vengeance soit encore retardée par la loi
qui défend de violer l'asyle du Lévite du Seigneur ? Mais ils ne peu-
vent plus m'échapper; l'heure de la vengeance va sonner : je la veux
terrible et proportionnée à l'offense. (*Réfléchissant.*) Oui, ce serait trop peu pour mon cœur outragé, d'enlever Dina à son Misaël, il faut que lui-même, rompant les nœuds qui les lient, la
mette dans mes bras; il faut qu'elle se croye oubliée, abandonnée. (*Aux Benjamites.*) Benjamites, braves compagnons,
voici l'instant de récompenser votre chef, de le payer de son
amour pour vous, de son zèle à défendre vos droits, à vous protéger en toutes circonstances. Un vil lévite, rebut d'Ephraïm, ose
nous outrager dans votre chef, sachez le venger et vous placer,
par cette action mémorable, à la tête des tribus d'Israël ; que vos
bras secondent ma rage, et bientôt le nom du perfide, effacé du
nombre des vivans, ira grossir celui des monstres en horreur à la
nature : y consentez-vous, amis ?

LES BENJAMITES.

Oui.

BALAHAC.

Jurez donc que ni les pleurs de la beauté, ni la pitié qu'inspirent l'âge et la faiblesse, ne sauront vous toucher. Jurez d'accomplir mes ordres quels qu'ils puissent être, et de fermer vos cœurs à la séduction et à l'intérêt.

LES BENJAMITES.

Nous le jurons.

BALAHAC.

Il suffit, amis ; viennent maintenant les tribus réunies, nous saurons les vaincre ! Mes trésors seront votre récompense. Qu'une partie d'entre vous se place à l'entrée du bâtiment où les serviteurs de Noëmi sont retirés, afin de les empêcher de venir au secours de leurs maîtres, tandis que les autres resteront près de moi.

(Plusieurs Benjamites vont le sabre à la main pour garder les serviteurs.)

BALAHAC.

Approche, Achab, le zèle que tu as développé dans cette circonstance, te rend digne de toute ma confiance. La route différente de celle de mon rival que nous avons été obligé de suivre, les difficultés qu'elle offrait, m'ayant empêché de me saisir de cet odieux Misaël avant qu'il fût rendu ici, ton adresse peut seule me tirer de cet embarras, en t'introduisant dans la maison de mon ennemi pour en faire sortir Dina.

ACHAB.

Impossible. Il y aurait de trop grands dangers à courir si j'étais découvert.

BALAHAC.

Refuserais-tu de me servir ?

ACHAB.

Je viens de jurer le contraire. Il faudrait seulement par une ruse attirer Dina au dehors, et je m'en charge.

BALAHAC.

Comment !

ACHAB, *après avoir réfléchi.*

Fais-moi donner les habits de cet homme de la tribu du lévite, que tu as frappé dans ta colère, et tu verras si je suis digne de ton amitié.

(Sur un signe de Balahac, on apporte des vêtemens différens par les couleurs de ceux des Benjamites ; Achab s'en revêt.)

ACHAB.

Bien ; maintenant éloignez-vous, et soyez prêts à paraître au premier signal.

BALAHAC *l'entraînant de côté.*

Dina doit m'appartenir ou cesser de vivre ; je l'ai juré. Si tu voyais tes projets prêts à être découverts avant que je puisse m'en emparer, si même tu me voyais céder à ses larmes quand elle sera en ma possession... (*lui donnant un poignard enrichi de pierreries.*) Prends ce fer et frappe. Tu m'entends ?

A C H A B.

Oui.

(Balabac s'éloigne après qu'Achab lui a dit de nouveau de se fier à lui.)

SCENE VI.

ACHAB seul.

(Il se jette à terre vers le milieu de la scène.)

La position est bonne, ce me semble Que vais-je faire pour attirer l'attention de Dina ? Chanter ?.. oui vraiment. Un chant plaintif parvient toujours au cœur des femmes Si c'etait pour une autre, je me montrerais jeune, et feindrais d'etre amoureux ; celle-ci est bonne, il faut l'interesser par le malheur.

(Il prend l'attitude d'un pauvre vieillard aveugle, et chante.)

ROMANCE.

Prenez pitié d'un malheureux
Acrablé d'ans et de misere,
Secourez-le, ses pauvres yeux
Las, sont fermés à la lumière.

Plus ne verra l'astre des cieux,
Plus ne verra fraiche prairie :
Plaignez, plaignez son sort affreux,
Il a perdu plus que la vie.

(Regardant.) Personne encore ! Aurais-je manqué mon but ? Allons courage. (Il continue.)

Pour le guider, ce pauvre vieux
Réclame en vain bras secourable ;
Mais ou trouver cœur généreux
Que ne fatigue un misérable ?

(Dina entr'ouvre la porte, et écoute avec l'air de la plus tendre pitié.)

ACHAB, la voyant du coin de l'œil.

Voici Dina ... Bon.

DINA.

Serviteur d'Ephraïm, le malheur ne m'implore jamais en vain.

ACHAB.

Quelle voix!... Est-ce celle d'un ange ?

DINA.

Non, bon vieillard, mais celle d'une humble créature qui veut soulager ta misère [Elle lui tend la main] Viens, suis-moi.

ACHAB prenant sa main.

Hélas ! les forces m'ont abandonné, je ne pourrai quitter cette place, si vous ne daignez me soutenir.

DINA.

Ah de grand cœur Je ne veux laisser à personne le plaisir de te présenter à mon epoux et à sa mere.

(Elle se baisse pour le relever; Achab, sous le prétexte de sa faiblesse, l'enveloppe dans ses bras et la retient avec force.)

le Lévite.   5

ACHAB *criant.*

A moi.

SCENE VII.

Les Précédens, BALAHAC, Benjamites; puis MISAEL et
NOEMI.

(Balahac paraît suivi des siens. Plusieurs se placent, le sabre nu, à la porte de
Noémi, tandis que les autres s'emparent de Dina.)

DINA, *le voyant et se débattant.*

Balahac!.. Au secours! au secours!

(Misaël et Noémi accourent : mais les Benjamites les retiennent en les menaçant de leur percer le sein. Le malheureux Lévite se débat avec fureur, et,
par un effet presque surnaturel, il terrasse un de ses oppresseurs, s'empare
de ses armes, et court sur Balahac; mais à l'instant vingt épées forment un
rampart au chef de la tribu; vingt bras retiennent l'infortuné Misaël et sont
prêts à le frapper au premier signal. Sans respect pour les cheveux blancs de
Noémi, on la traite avec indignité. Tout paraît perdu, quand un bruit d'armes
se fait entendre du côté du batiment où les serviteurs se sont retirés.)

SCÈNE VIII.

Les Précédens, Serviteurs de Noémi.

(Dina et ses amis commencent à espérer en voyant leurs fidèles serviteurs qui
repoussent les Benjamites et combattent pour la délivrer. Mais ils sont bientôt
victimes de leur courage ; les cruels Benjamites les terrassent et n'attendent
qu'un mot de leur chef pour les percer. Balahac considère quelque tems ce
tableau avec une joie féroce.)

BALAHAC, *à Misaël.*

Eh! bien, heureux Misaël, où donc est cette force supérieure
qui doit t'aider à braver ma vengeance; il est tems maintenant
qu'elle vienne à ton secours, car tu le vois, si je dis un seul mot,
tu rentres, ainsi que les tiens, dans la poussière.

MISAEL.

Monstre ! c'est envain que tu oses la blasphemer, cette puissance
divine qui tôt ou tard venge la vertu en atteignant le coupable :
elle te voit, elle t'entend et son glaive est suspendu sur ta tête.

BALAHAC.

Qu'il frappe, je l'attend... Mais écoute, Misaël, puisque le ciel
t'oublie, je veux suppléer à sa bonté en t'offrant les moyens de
racheter ta vie.

NOÉMI.

Parle, parle, que te faut-il ? tout ce que je possède est à toi.

BALAHAC.

Toi, tu ne peux rien pour ton fils, que lui donner un conseil,
celui de répudier Dina, et de me céder les droits qu'il n'obtint
sur elle que par la plus infâme trahison. Dès-lors nos différens sont
terminés, et je consentirai peut-être à lui accorder ma pro-
tection

DINA.

Malheureuse !

MISAEL.

Et voilà le prix auquel tu mets ma vie ?

BALAHAC.

Oui , choisis.

MISAEL.

L'âme d'un scélérat tel que toi pouvait seule concevoir un tel projet Apprend donc que… mais non celle que tu outrages plus que moi par cette odieuse proposition, va prononcer elle-même. O Dina , reprends tes esprits, cesse de craindre pour ton époux, et réponds à ce monstre.

DINA.

Mourons ensemble, cher Misaël.

(Misaël et Dina se débattent , s'échappent des mains des Benjamites, et tombent dans les bras l'un de l'autre.)

MISAEL, *à Balahac*.

Tu las entendu , Balahac, la mort même ne peut nous séparer. frappe , si tu l'oses.

(Misaël et Dina, se tenant embrassés , semblent défier les coups de Balahac.)

BALAHAC, *avec un sourire méprisant*.

Faible lévite , ainsi tu crois que Dina serait un sur rempart pour m'empêcher de parvenir jusqu'à toi ; sors de ton erreur, mon amour pour elle s'est converti en haine : je ne veux l'obtenir maintenant que pour faire votre malheur commun, mais je la veux cependant , je la veux. Concois-tu la force de ce mot prononcé par Balahac, à la tête d'une tribu entière , je la veux et voici le moyen de l'acquérir.

(Il fait signe à Achab , qui s'empare de Noémi , et dirige son fer sur le cœur de cette mère infortunée.)

MISAEL, *poussant un cri*.

Ciel ! ma mère.

(Il veut s'élancer vers elle, ainsi que Dina ; on les empêche d'approcher. Misaël est libre vers le milieu de la scène ; Dina est séparée de lui , mais non retenue.)

MISAEL, *hors de lui*.

Ma mère !…

BALAHAC.

Elle va tomber percée de mille coups, si tu ne prononces à l'instant.

NOEMI.

Laisse moi périr et sois heureux , Misaël.

MISAEL.

O tourmens … ô mort , viens me délivrer… Dina ! ma mère !…

(Il frémit, tremble. Le fer est tonjours levé sur le sein de sa mère. Dina, à demi mourante , attend sa décision , en lui tendant les bras. Il va de l'une à l'autre , il voudrait s'anéantir… Enfin l'amour filial l'emporte ; il cache sa tête dans le sein de sa mère, pour ne point entendre les cris de Dina ; mais la malheureuse est tombée évanouie en voyant l'abandon de son époux.)

(Balahac triomphant, ordonne qu'on l'emporte. Tandis qu'on fait rentrer Misaël aussi mourant qu'elle, Noémi et les serviteurs sont contraints de les suivre dans la maison, devant la porte de laquelle Balahac place des Benjamites en sentinelle.)

Le Théâtre change et représente les jardins somptueux du palais de Balahac, derrière lesquels on apperçoit une partie de la ville de Gabaa.

SCENE IX.

ACHAB, Serviteurs de Balahac.

ACHAB, *accourant.*

Allons, enfans, hatez vous, les apprêts ordonnés par Balahac, sont-ils terminés ?

(Un serviteur lui montre ses camarades occupés à terminer une illumination brillante, mais d'un goût barbare, elle est composée de têtes de monstres, dont les yeux sont remplacés par des feux, tout le reste est dans le même genre.)

ACHAB.

Diable! voilà une galanterie d'un genre neuf; mais elle est assortie à la conduite de celui qui l'ordonne Ma foi s'il n'a d'autres moyens pour séduire les femmes, je ne m'étonne pas s'il est obligé d'enlever celle d'autrui; mais les voici qui s'approchent.

SCENE X.

Les Précédents, BALAHAC, DINA, Benjamites.

Dina toujours évanouie, est déposée sous une riche tente. On la ramène par des soins assidus tandis que Balahac voit si tout est préparé comme il l'a ordonné. L'infortunée ouvre enfin les yeux, regarde autour d'elle avec surprise ensuite avec horreur, et voyant Balahac elle se lève vivement et cherche à fuir.

BALAHAC, *la retenant.*

Arrête, Dina, c'est en vain que tu voudrais m'éviter. (*Dina regarde autour d'elle avec inquiétude.*) C'est en vain surtout que tes yeux cherchent ton Misaël, il est loin de toi et pour jamais. Tu es dans mon palais: c'est par sa volonté que tu y as été conduite. Oublie, crois-moi, l'ingrat qui te délaisse, quitte l'air triste d'une amante abandonnée, pour prendre le front radieux qui convient à l'épouse de Balahac.

DINA.

Moi, ton épouse ? Les supplices les plus cruels me sembleraient préférables à l'horreur que m'inspire ta présence.

BALAHAC.

Ecoute, Dina. Tu as vu comment j'ai su réduire à l'obéissance ceux qui osent me résister, apprends comment je récompense ceux qui se rangent à leur devoir. Mes richesses sont à toi ; ce palais, ces serviteurs empressés t'appartiennent aussi. Viens en recevoir le don en me faisant celui de ta foi.

DINA.

Comment as-tu pu croire qu'un cœur épris des vertus de Misaël, se laisserait séduire par tes viles richesses ? garde-les, Balahac, je n'attends de toi que la mort qui doit terminer mes souffrances.

BALAHAC.

Insensée ! ton Misaël t'oublie.

DINA.

Misaël pleure Dina, et meure peut-être en lui adressant son dernier soupir.

BALAHAC.

Il t'a préféré sa mère.

DINA.

Ah ! tu fais son éloge.

BALAHAC.

Ta fierté ne se révolte pas à l'idée de son abandon ?

DINA.

Ma fierté ! ah ! c'est mon cœur qui le juge, et son langage te serait aussi étranger que celui de la vertu.

BALAHAC, *avec fureur.*

Femme ! (*se reprenant.*) Tu as donc cessé d'aimer Misaël, puisque tu t'en vois délaissée sans colère ?

DINA.

Moi, cesser d'aimer Misaël ! quand j'aurais cessé d'exister, mon ame répéterait encore : j'aime Mis. ël.

BALAHAC.

Ah ! c'est trop long-temps supporter tant d'outrages. Tremble, perfide, mon amour méprisé peut se changer eu rage, je ne réponds plus alors des excès où toi-même m'auras entraîné.

DINA, *avec résignation.*

Tu es le maître, Balahac, quelle resistance peut t'opposer une faible femme déjà mourante de désespoir ?

BALAHAC.

Eh bien, cède.

DINA.

Jamais.

BALAHAC, *se contenant à peine.*

Tremble te dis-je. Ce n'est point encore la mort que je te réserve, elle serait trop douce pour punir ta trahison, mais je saurai te placer si bas, que ton Misaël même rougira de toi et refusera de te reconnaître.

DINA.

Si Misaël pouvait un jour repousser Dina. celui qui du haut des cieux juge nos actions serait mon refuge et me consolerait de ma douleur.

BALAHAC.

Ton choix est irrévocable ?

DINA.

Oui.

BALAHAC, *avec fureur.*

Eh bien , deviens l'esclave de mes esclaves. [*aux Benjamites.*]
Je la donne à celui de vous qui voudra s'en saisir.

Ils s'approchent tous d'elle, au moment où Balahac sort en la menaçant encore.
Dina en attendant son arret est tombé à genoux en levant les bras au ciel
qu'elle prie avec ferveur.

SCENE XI.

DINA, ACHAB, Benjamites.

ACHAB.

Elle doit être à votre chef après Balahac. Elle m'appartient, qui
de vous osera me l'enlever ?

Les Benjamites étonnés se regardent. Achab profite de ce moment et va saisir
Dina, qui toujours à genoux implore sa pitié.

ACHAB, *la releuant.*

Elle est à moi. Otez ce voile, les esclaves n'en portent pas.

Il veut lui arracher son voille, Dina pousse un cri et le retient avec force.
Elle voit à la ceinture d'Achab le poignard donné par Balahac et s'en empare.

DINA , *tournant le poignard contre Achab*

J'ai juré à mon père de ne m'en séparer qu'avec la vie , je saurai
le défendre.

Etonnement des Benjamites qui n'osent approcher en voyant qu'elle veut
se frapper.

SCENE XII.

Les Précédents , BALAHAC.

BALAHAC, *entrant vivement.*

Misaël déguisé s'est introduit dans mes jardins.

DINA, *avec joie.*

Misaël! quoi, je te reverrais avant d'expirer!

(Achab profite de ce moment d'inattention pour lui enlever le poignard.)

DINA, *poussant un cri.*

Ah! je perds ma dernière espérance... Cependant Misaël approche... Que dis-je, grand Dieu? A quels nouveaux dangers
vient-il s'exposer. (*A Balahac.*) Ah! cruel, épuise sur moi ta
vengeance, respecte les jours de mon époux.

BALAHAC.

Qui songe à les attaquer ces jours précieux ! tiens , regarde:
voilà le supplice que je lui réserve à ton Misaël.

(Il lui fait voir une lance qu'un Benjamite vient de planter, au bout de laquelle est cette inscription :

« C'EST ICI QUE BALAHAC A RECU LA FOI DE DINA. »

DINA, *reculant avec horreur.*

Il est plus affreux que la mort. (*Se jetant aux genoux de Ba'a-
hac.*) Ah! Balahac, je t'implore, écarte cette nouvelle douleur du
cœur de Misaël; prends pitié de moi au nom des souffrances que tu
me fais endurer.

BALAHAC.

Tu les a méritées.

DINA, *se traînant après lui.*

Ah! barbare! Toute humanité est-elle éteinte dans ton cœur?

BALAHAC, *la repoussant.*

Oui, oui, il est tout à la haine, à la vengeance; vos tortures
font mes delices; je me repais de vos tourmens, et rien ne peut
changer mes résolutions.

ACHAB.

Misaël approche de ce lieu, déjà on peut l'entrevoir.

DINA, *appelant.*

Misaël, Misaël, viens recevoir mon dernier soupir.

(Elle veut courir de son côté. Sur un signe de Balahac , les Benjamites l'arrê-
tent. Achab lui met la main sur la bouche.)

BALAHAC.

Qu'on l'entraîne, mais avant qu'elle voye encore ce Misaël, qui
est perdu pour elle, qu'elle le voye venant acquerir la certitude de
son infidélité, et qu'elle sente enfin la douleur de perdre ce qu'on
aime.

(Les Benjamites enlèvent doucement Dina. Elle voit Misaël dans le lointain
lui tend les bras, et tombe évanouie. Ils sortent tous.)

SCENE XIII.

MISAEL, Trois jeunes Israélites, NOEMI.

(Ils sont cachés dans des manteaux sous lesquels on aperçoit des armes. Noëmi
enveloppée d'un manteau , les suit avec inquiétude.)

MISAEL, *sans voir sa mère.*

Braves amis, vous avez juré de tout hasarder pour me rendre
celle que j'aime L'instant est arrivé de signaler votre attachement
pour moi. C'est ici que gémit ma tendre et fidèle Dina. Nos forces
n'égalent pas celles que mon odieux rival peut nous opposer, mais
nous aurons le ciel pour nous; ces habits nous permettront peut-
être d'approcher de ma Dina sans être reconnus de ceux qui l'entourent. Amis, que l'idée de ses dangers, de son désespoir, en-
flamme votre courage; arrachons-là aux perfides mains qui ont
osé me la ravir, et revenons ensuite la venger ou périr. (*Voyant
l'inscription.*) Ciel! ô mes yeux ne vous trompez-vous pas? « C'est
» ici que Balahac a reçu...... »

(Les paroles expirent sur ses lèvres ; il tombe anéanti dans les bras de ses amis,
qui lisent tous l'inscription avec horreur.)

NOEMI, *après avoir lu.*

O forfait! O mon malheureux enfant!

MISAEL.

Ah! Dina! Dina toujours chérie quoique parjure........ Mais
que dis-je ? N'est-ce pas moi qui l'ai livrée! N'est-ce pas moi, qui,
oubliant le serment sacré de la protéger, de la défendre, ai pu...
O ma mère!.... ma mère !

NOEMI, *se montrant.*

. Misaël elle vient, si tu le veux, t'offrir sa vie, te rendre le don
fatal que tu lui as fait.

MISAEL.

Vous ici! vous!.... L'avez-vous lu, dites-moi, cet arrêt de ma
mort. (*Relisant.*) « C'est ici que Balahac a reçu la foi de Dina. »
L'infidèle! ce matin aussi elle me l'a donnée cette foi qu'elle prodi-
gue. (*Arrachant l'inscription et la foulant aux pieds.*) Périsse
ainsi l'auteur de tous mes maux. Je veux le voir et venger sur lui
ma honte et mes tourmens. (*Noëmi et ses amis le retiennent; on
entend des chants joyeux.*) D'où viennent ces chants?....

NOEMI.

Hélas! ce sont ceux de l'hymen. Ah! fuyons ces lieux pleins
d'horreurs.

MISAEL.

Ainsi plus de doute. Amis, suivez-moi, je veux frapper aux yeux
de la parjure Dina, celui qu'elle a pu me préférer.

NOEMI.

Arrête, Misaël, au nom de mon amour pour toi, quand ton no-
ble cœur fit, pour conserver mes jours, le sacrifice d'une épouse
adorée, refuserais-tu de les prolonger en méprisant une vengeance
qui ne peut te rendre le bonheur? Dina n'est plus digne de toi, ô
mon fils; mais ta mère te reste. Viens, viens pleurer sur son cœur.

(*Les chants recommencent : ses amis les lui font écouter, lui montrent l'inscription. Noëmi suit avec inquiétude tous ses mouvemens.*)

MISAEL, *se jetant dans ses bras.*

O ma mère, vous l'emportez encore. Allons expirer loin de l'in-
grate.

(*Dina arrive au moment où Misaël sort; elle peut encore l'entrevoir, mais elle
se traîne à peine; la terreur empreinte sur ses traits, et les regards effrayés
qu'elle jette derrière elle, annoncent la crainte d'être poursuivie. Appelant
d'une voix craintive.*)

Misaël!.... Misaël!.... (*Elle tombe.*) Les forces m'abandon-
nent. (*Voyant l'inscription foulée par Misaël.*) Il l'a vue!.. . Il
fuit....... M'aurait-il cru parjure! (*Se levant avec peine.*)
Misaël!....

(*Au moment où elle est prête à le suivre, Balahac furieux, accourt; il est suivi
d'Achab et des Benjamites; ils s'emparent tous d'elle ; elle se débat, veut fuir.
Balahac, hors de lui, fait un signe à Achab, qui leve son poignard, et la
frappe On entend un cri douloureux au moment où la toile tombe.*)

Fin du second acte.

ACTE III.

Le théâtre représente à droite le modeste portique qui sert d'entrée à la maison de Noëmi, vue du côté du jardin. Celui-ci est simple et fermé dans le fond par une grille antique et sans ornement, à travers de laquelle on voit de hautes montagnes formant un site sauvage en opposition avec le premier plan. La trompette sacrée est suspendue à une colonne isolée, un peu en avant du portique.

SCENE PREMIERE.

(Dina est étendue vers le milieu de la scène. On voit le poignard qu'Achab a plongé dans son sein ; une de ses mains contient sa blessure, de l'autre elle cherche à s'aider pour se trainer jusqu'à la demeure de son époux.
garde avec angoisse.

DINA, *appellant d'une voix expirante.*

Misaël!... Misaël!... C'est en vain... Faut-il expirer si près de toi... sans t'avoir vu... sans t'avoir dit... que je t'aime toujours... Ah! Misaël ... me maudiras-tu ?... mais non... je puis...

(Elle se ranime un instant, arrache le poignard de son sein , et d'une main déjà appesantie , elle trace ces mots sur le pied-d'estal de la colonne, où est suspendue la trompette sacrée.)

JE MEURS FIDÈLE!

(Le fer lui échappe , elle retombe les bras étendus vers le portique qu'elle est prête à toucher.)

SCENE II.

DINA, MISAEL.

(Misaël sort dans l'attitude de la plus profonde réflexion et voit Dina; il approche, la reconnaît et pousse un cri effroyable en tombant près d'elle.)

SCENE III.

Les Précédens, NOEMI, ESDRAS, AZARIE, Serviteurs

(Esdras, Noëmi, Azarie et les serviteurs, accourent à ce terrible accent ; tous reconnaissent l'infortunée Dina ; le désespoir de son père, de son ami, la stupeur des serviteurs, forment un tableau déchirant.)

MISAEL.

Elle n'est plus !

ESDRAS.

O ma fille ! ô mon cher et dernier espoir ! que ne t'ai-je précédée dans la tombe.

AZARIE

Compagne de mes jeunes années pourquoi m'as-tu quittée ?

MISAEL, *revenant à lui.*

La voilà ! c'est elle !.. celle que j'adorais ! ... pâle... inanimée..... Elle, naguère si belle.... Grand Dieu ! prête-moi ta foudre pour écraser le monstre qui la rendit infidèle.

ESDRAS.

Ce n'est pas assez, ô malheureux Esdras, de la douleur d'avoir perdu ta fille, il faut encore que tu aies celle de penser qu'elle a trahi le serment sacré prononcé devant le Seigneur

MISAEL, *voyant l'inscription.*

Que vois-je ? Non, elle ne la point trahi : lisez ces caractères qu'elle même a tracés : « Je meurs fidèle ! »

ESDRAS, *les entraînant vers l'inscription.*

O bonheur ! son dernier soupir fut digne de moi. Répétez à la Judée entière : « Esdras au désespoir, doit être glorieux de sa fille ! » (*à Misaël.*) Cependant tu l'accusais.

MISAEL.

Je l'accusais, et j'existe encore !.... Oui j'existe, mais c'est pour la venger. Esdras, ce n'est plus des larmes, qu'il faut répandre, c'est du sang,

ESDRAS.

Unissons nos haines, nos fureurs, et que Balahac, expirant sous nos coups, apprenne que les amis laissés par Lina sur la terre, savent la pleurer et la venger.

MISAEL.

Il périra !

ESDRAS.

Puisse le nom du monstre, en horreur aux races futures, inspirer en tous lieux, en tous tems, le mépris et l'effroi ; et si mon bras appesanti par l'âge ne parvient à réunir au sien le sang si pur qu'il a versé, puissent ses frères le repousser de leur sein, ses fils le maudire, la nature lui refuser ses dons, la terre entière ne point lui offrir un asyle, et puissent les remords le torturer à son heure dernière, en lui montrant les gouffres éternels préts à l'engloutir.

NOEMI.

Entends, grand Dieu ! la prière d'une famille en larmes qui appelle ta malediction sur la tete du coupable Balahac.

MISAEL.

Il périra, vous dis-je ? (*Ramassant le poignard.*) Oui, je jure de ne prendre aucun repos que ce poignard, teint du sang de la plus chérie des femmes, ne soit rougi de la dernière goute de celui du monstre qui l'a frappée. Mais ce n'est point assez pour ma haine, l'odieuse tribu Benjamite anéantie jusque dans ses derniers rejetons, peut seule appaiser la soif de vengeance qui me dévore.

ESDRAS.

Qu'oses-tu projeter, malheureux?

MISAEL.

Suivez-moi, vous tous que l'amour de la vertu anime encore! Levez-vous, tribus d'Israël, vengeance au lévite d'Ephraïn.

(Il fait signe à l'un de ses serviteurs, qui prend la trompette sacrée, et l'embouchant avec force en se tournant vers les montagnes, il la fait retentir de sons; l'écho les répète ; il les renouvelle, et des différens côtés on entend un semblable signal.)

NOEMI.

La trompette sacrée se fait entendre de toutes parts, et ses sons me glacent d'épouvante.

MISAEL.

Frémis, tribu de Benjamin, ils annoncent ton heure dernière.

NOEMI.

Quel délire t'égare, ô mon fils!

MISAEL.

Tu n'as plus de fils.

NOEMI.

Cruel! si tu m'éconnais ta mère, permets à la pitié de parler encore à ton cœur. Que t'ont fait ces femmes, ces enfants que ta fureur jure d'annéantir?

MISAEL.

Ils n'ont point eu pitié de Dina expirante.

AZARIC, *contemplant Dina*.

En voyant ses traits si doux même au milieu des ombres de la mort, qui donc a pu refuser de l'aimer, de la défendre?

MISAEL.

Les farouches Benjamites.

ESDRAS.

Et qui te dit qu'ils partagèrent le forfait de leur chef?

MISAEL.

La rage que leur nom seul m'inspire!

ESDRAS,

Quels sont tes droits pour les juger sans les entendre ?

MISAEL.

Ceux de la haine et du désespoir.

NOEMI.

Laisse, ô Misaël, le Seigneur maître de les punir s'ils l'ont mérité. Son bras, tu le sais, peut atteindre le criminel échappé à la justice humaine, repose-toi sur son invisible puissance.

MISAEL.

Qu'elle esl lente à frapper!

ESDRAS.

Lévite du Seigneur, tremble d'attirer ses foudres sur ta tête et d'abuser du pouvoir qu'il te décerna.

MISAEL.

Et c'est un père qui ne crains pas d'embrasser la défense des
meurtriers de sa fille.

ESDRAS.

Ah! barbare, tu ignores qu'elle douleur déchire ce cœur que tu
accuses . . . . mais je ne puis sans frémir te voir armer les frères
contre les frères.

MISAEL.

Ils n'ont point frémi en frappant ton unique enfant! vois ce
sang, il est le tien et tu hésites à le venger!

ESDRAS.

Rappelle ta raison égarée, ô Misaël! un seul homme t'offensa et
tu veux entraîner dans sa ruine des milliers d'innocens Ose con-
templer les maux que ta rage prépare à nos nombreuses tribus,
entends ces clameurs, ces cris accusateurs; regarde ces épouses
désespérées, ces mères furieuses; vois ces flots de sang qui coulent
à ta voix et tremble malheureux! c'est celui d'Israël, c'est celui
du peuple du Seigneur,

MISAEL.

Il prononcera entre nous. Mais Dina veut être vengée et je dois
m'élancer sans hésiter dans la route sanglante qu'elle m'a tracée.
Vengeance, vengeance au Lévite d'Ephraïm.

Les chefs des tribus paraissent sur la montagne.

SCENE IV.

Les Précédents, Chefs des Tribus, *ils sont distingués tous par
des couleurs différentes.*

Un serviteur ouvre la grille dans toute sa longueur et les chefs des tribus
entrent dans le jardin. Misaël les entraîne vers le corps inanimé de son
épouse, il le leur montre, leur peint ses tourments, la rage qui le dévore et
leur demande de le venger.

MISAEL, *se levant avec rage.*

Pères, époux, laisserez-vous tant de forfaits impunis! Dina,
ce modèle de vertus, vient d'expirer à vos yeux, et Balabac l'effroi
de la nature lève encore sa tête criminelle. Le voilà ce voile nuptial que l'infortunée a conservé aux dépens de ses jours. Le voilà!
le sang dont il est souillé fut le sien. c'est la main d'un Beniamite
qui l'a versé, pères, époux, n'y lisez-vous pas votre devoir?

LES CHEFS.

Oui, oui, vengeance! vengeance.

Ils s'emparent du voile, prononcent leur serment dessus et l'un deux le place
en bannière au bout d'une lance. Misaël ivre de joie et de fureur les anime
encore, ils montent tous sur la montagne, et la font retentir de leurs trom-
pettes, on leur répond de tous côtés; de toutes parts arrivent des combattants
armés de torches, on voit traverser les anges avec les épées flamboyantes.

MISAEL.

Amis, vous le voyez, les célestes milices s'arment pour notre
cause, nos bras sont désormais invincibles.

Tous furent de périr ou de venger Dina , le ciel semble se joindre à ce terrible
serment, les éclairs brillent, le tonnerre gronde et accompagne leur marche
vers la ville de Gabaa.

Dina qu'Azarie a couronnée de fleurs, à été déposée sur un brancard , le Lévite
et Esdras tous deux armés , marchent à la tête des serviteurs qui le portent
et des guerriers qui le suivent. Azarie et Noëmi sont grouppées près du
brancard.

Le théâtre change et représente la ville de Gabaa.

SCENE V.

BALAHAC, ACHAB, Benjamites.

ACHAB, *accourant*.

Rentrez dans Gabaa , toutes les tribus soulevées par Misaël ,
marchent contre nous ; le terrible Lévite est à leur tête.

BALAHAC.

Amis , il est arrivé ce jour tant désiré par mon cœur ambitieux ,
les tribus se soulèvent contre nous et viennent elles-mêmes chercher
les fers que je leur préparais depuis long-temps. Bientôt vous leur
commanderez et les Benjamites seront les fils aînés d'Ismaël Suivez-moi, rentrons dans nos murs et vous verrez que tout doit
trembler devant le bras imdompté de votre chef.

Ils défilent tous et se renferment dans Gabaa.

SCENE VI.

MISAEL , ESDRAS , NOEMI , AZARIE , Chefs des
Tribus guerrières.

Misaël toujours aussi terrible, arrive dans le même ordre qu'il est parti ; il
sent renaître sa fureur en voyant l'odieuse ville, il embrasse une dernière
fois la froide image maintenant voilée de son épouse, la montre à ceux qui
l'entourent et prenant une échelle il l'applique à la muraille. Esdras le suit ,
chacun imite leur exemple. En un instant la ville est escaladée , malgré tous
les efforts des assiégés. On voit aussitôt la flamme dévorer tous les monu-
mens et le Lévite poignarder Achab et Balahac au milieu de l'incendie. Misaël
se fait apporter le corps de Dina et le plaçant sur les ruines fumantes de la
malheureuse cité, il élève cette inscription auprès.

TOMBEAU DE DINA.

MISAEL.

Amis, que Dina vengée soit portée sur les remparts de cette
odieuse cité , que ces ruines fumantes lui servent de tombeau , et
que le nom de Gabaa détruit, rappelle à jamais la vengeance du
lévite d'Ephraïm.

(On porte Dina sur les remparts.)

Maintenant, ô ma Dina , que j'ai satisfait tes mânes et ma haîne ,

toûs mes liens sont rompus sur la terre, je vaîs t'aller rejoindre
dans le ciel.

(En même tems il prend son épée et va se précipîter dessus , quand une voix
qui vient du ciel fait entendre ces mots :

ARRÈTE, LÉVITE D'ÉPHRAIM.

Des nuages s'abaissent aussitôt sur le devant de la scène. Des Anges des-
cendent lentement dant un nuage, sur un des côtés du théâtre.

UN ANGE.

Dieu sait récompenser les soutiens de sa loi.

Sur la terre il te vit combattre pour la foi.

Misaël, Dieu lui-même à la reconnaissance

Veut payer son tribut. Connais ta récompense.

Dina, l'objet charmant de ton pudique amour,

Dina, qui vierge encor a vu son dernier jour,

Du rivage des morts est pour toi revenue :

Elle renaît au monde, et va t'être rendue.

MISAEL.

De quel faux espoir vous remplissez mon ame.

L'ANGE.

Douterais-tu de la puissance divine?

MISAEL.

Non, mais ce prodige...

L'ANGE.

Regarde, Misaël.

(Le nuage qui couvre le milieu de la scène se dissipe, le ciel s'ouvre et
laisse voir des anges qui forment des concerts délicieux. Le Lévite, Esdras,
Noëmi, Azarie, se prosternent, et les différentes tribus sont groupées dans
l'attitnde de l'admiration. La vision céleste se dissipe en partie, Dina couronnée de fleurs et vétue de blanc, est assise sur son tombeau, elle parait
rapellée insensiblement à la vie Ses amis toujours à genoux la contemplent
avec ivresse, le lévite parait craindre de s'abandonner à son espérance. Mais
Dina le voit et vient se précipiter dans ses bras et dans ceux de son père.

Les tribus prennent part à leur bonheur, et remercient avec eux l'éternel.
Les anges semblent participer à l'allégresse commune, et continuent leurs
concerts.

Tableau général.

FIN.

www.ingramcontent.com/pod-product-compliance
Ingram Content Group UK Ltd.
Pitfield, Milton Keynes, MK11 3LW, UK
UKHW031725170726
13836UKWH00001B/451

9 782329 601311